¿Qué es COVID-19?

Alexis Roumanis

Explore otros libros en:
WWW.ENGAGEBOOKS.COM

VANCOUVER, B.C.

e WWW.ENGAGEBOOKS.COM

What Is COVID-19? Level 1
Roumanis, Alexis 1982 –
Text © 2020 Engage Books
Design © 2020 Engage Books

Edited by Jared Siemens
Cover design by: A.R. Roumanis

Text set in Arial Bold.
Chapter headings set in Arial Black.

FIRST EDITION / FIRST PRINTING

LIBRARY AND ARCHIVES CANADA CATALOGUING IN PUBLICATION

Title: ¿Qué es COVID-19? Nivel 1 / Alexis Roumanis.
Other titles: What is COVID-19? Level 1 reader. Spanish

Names: Roumanis, Alexis, author.
Description: Translation of: What is COVID-19? Level 1 reader.

Identifiers: Canadiana (print) 20200228293 | Canadiana (ebook) 20200228331
ISBN 978-1-77437-322-4 (hardcover). –
ISBN 978-1-77437-323-1 (softcover). –
ISBN 978-1-77437-324-8 (pdf). –
ISBN 978-1-77437-325-5 (epub). –
ISBN 978-1-77437-326-2 (kindle)

Subjects:
LCSH: COVID-19 (Disease)—Juvenile literature.
LCSH: LCSH: COVID-19 (Disease)—Prevention—Juvenile literature.
LCSH: Coronavirus infections—Juvenile literature.

Classification: LCC RA644.C68 R6818 2020 | DDC J614.5/92—DC23

Contenidos

¿Qué es un Virus?

Un virus es un pequeño germen.

Puede sorevivir dentro de otros seres vivos.

El COVID-19 es
un tipo de virus.

Puede sobrevivir dentro de las personas.

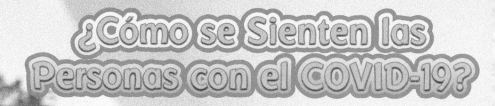

El COVID-19 hace que las personas se enfermen.

8

Las personas pueden toser y tener fiebre, y algunas personas les cuesta respirar.

¿Cómo se Propaga el COVID-19?

Las personas pueden contagiarse de COVID-19 mediante otras personas.

El virus puede vivir en cosas que tocan las personas contagiadas.

No toque sus ojos, su nariz, y su boca.

Para estar seguro, lave sus manos con jabón.

12

Estornudar o toser dentro del codo.

No comparta su comida o bebida.

13

Los adultos mayores casi siempre están batallando contra los viruses.

14

Pueden enfermarse gravemente si obtienen el COVID-19.

Cómo Afecta el COVID-19 a los Niños

El COVID-19 no afecta a los niños frecuentemente.

Los niños pueden seguir teniendo el virus.

Mantente Alejado de los Demás

Tu puedes ayudar a prevenirlo.

Los doctores dicen que la mejor forma de mantenerse alejados de las demás personas son dos metros de distancia.

Quedarse en Casa

Muchas personas están con sus familiares en casa.

Esto ayuda a mantener a cada uno a salvo.

Ayudando a los Hospitales

Manteniéndose en casa ayuda a los hospitales a no estar muy ocupados.

Esto ayuda a que las enfermeras y doctores cuiden mejor a los pacientes.

23

¿Cuál es la Vacuna?

Los doctores y los científicos están haciendo una medicina para el COVID-19, esta medicina se llama vacuna.

24

Ellos esperan hacer la vacuna para el COVID-19 en unos 18 meses.

Yendo a la Escuela

Muchos niños están estudiando desde sus casas y esto ayuda a los maestros y a los niños a mantenerse saludables.

Es importante que hagas tu parte para mantenernos todos a salvo.

Cómo Debes Lavar tus Manos

Puedes mantenerte a salvo con el COVID-19, lava tus manos frecuentemente. Tu podrías haber tocado las cosas que otras personas tocaron, desde la manija de una puerta hasta una encimera de una casa. Nunca toques tus ojos, nariz, y tu boca, esta es la forma de evitar que el COVID-19 entre a tu cuerpo. Lava tus manos por lo menos 20 segundos con agua y jabón para eliminar el COVID-19.

1. Usa jabón.

2. Lava cada palma de la mano.

3. Lava la parte de atrás de cada mano.

4. Lava bien entre tus dedos.

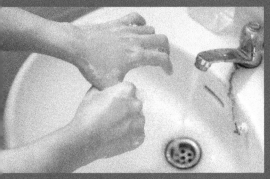

5. Lava en medio de tu pulgar.

6. Lava las uñas de todos tus dedos.

7. Enjuague las manos.

8. Sequese las manos.

29

Prueba

Comprueba tus conocimientos sobre el COVID-19 respondiendo las siguientes preguntas. El cuestionario está basado en lo que has leído en este libro. Las respuestas están en la parte de abajo en la siguiente página

1 ¿Dónde puede vivir el virus?

2 ¿Que tipo de personas luchan contra el virus COVID-19?

3 ¿Pueden los niños tener COVID-19?

4 ¿Cuál es la distancia que debe mantener una persona de otra?

5 ¿Qué tipo de medicina puede detener al COVID-19?

6 ¿Cuántas veces debería la gente lavarse las manos con agua y jabón?

Explore más información sobre el COVID-19 en otras series.

Visítenos en este enlace www.engagebooks.com

Sobre el Autor

Alexis Roumanis se graduó en un programa de Maestría en Publicaciones de la Universidad Simon Fraser en 2009. Desde entonces, ha editado cientos de libros para niños y ha escrito más de 100 libros educativos. Su audiencia incluye niños en los grados K-12, así como estudiantes universitarios. Alexis vive con su esposa y tres niños pequeños en Columbia Británica, Canadá. Le gusta el aire libre, leer un buen libro y le apasiona aprender cosas nuevas.

Respuestas:
1. Dentro de una forma de vida 2. Adultos mayores 3. Sí 4. 6 pies (2 metros) 5. Una vacuna 6. Al menos 20 segundos

CPSIA information can be obtained
at www.ICGtesting.com
Printed in the USA
LVHW071128120221
678950LV00032B/2623